# AMOR

# pero no Lujuria

By: Paul j Toyle

# Prefacio

¿Qué es el amor o qué frutas amor puede traer? Usted puede pensar que es una pregunta tonta. No todos saben qué es el amor? Pueden pensar lo que hacen, pero como estoy seguro de que estará de acuerdo, muchos no actúan como ellos saben lo que es el amor y los beneficios que se asocia con él.

Sin embargo, sé que el amor es un gran tema que tomaría un libro mucho más amplio para abarcar todo con el fin de mantener este libro corto, fui elegido para cubrir en los tres primeros capítulos definiciones y tipos de amor, los deberes del amor y el amor roto. Para el resto, escogí algunos temas importantes sobre el amor que puede estar en tu mente , tales como:

- El amor es importante para su salud?
- ¿Cómo puede beneficiarse enormemente de una persona amorosa?
- Si todo el mundo sabe lo que es el amor, entonces ¿por qué hay tanto odio en el mundo?
- ¿Cuál es el fruto del amor?
- Podríamos conquistar el mundo con amor?

Espero que disfruten de este libro y puede ser bendecido con amor.

# Tabla de contenido

# Capítulo 1 - ¿Qué es el amor?

¿Qué es el amor? Usted puede pensar que es una pregunta tonta. No todos saben qué es el amor? Pero no lo practican? La mayoría va a decir que no , pero entonces ¿por qué hay tanto odio en el mundo? Más sobre esto en el Capítulo 5. En primer lugar, vamos a definir el amor.

## Amor definido

El amor es uno de los más potentes y versátiles de palabras en el idioma inglés y en realidad en cualquier otro idioma. La palabra "amor" evoca muchas emociones difícil y compleja porque hay tantos significados para el amor. Dolly Parton dice, "El amor es un regalo del cielo para preocuparse el infierno fuera de usted." Creo que está muy bien planteada, pero usted puede también mirar el amor la manera en que hizo Platón cuando dijo, "El amor es una enfermedad mental grave".

Si busca el amor en el diccionario, usted encontrará varios significados. En el diccionario online de www.dictionary.com, enumera 14 significados que son un substantivo, siete significados que son un verbo, y otros seis idiomas. Los sinónimos mencionados estaban afecto, devoción, ternura, cariño, pasión, calidez, adoración, y perdurable relación emocional.

El significado número uno de la lista y el significado del amor más utilizado es el de tener un profundo y apasionado tierno afecto por alguien. Que alguien podría ser un cónyuge, una niña/novio, un hijo, un padre, un amigo, a alguien en necesidad, o Dios.

Una de las mejores definiciones del amor que he escuchado nunca proviene de una fuente desconocida que dice así: "El amor es como una religión. Es ese sentimiento que puede liberar a los pájaros en una jaula, la sensación de que puede liberar a un hombre en el asilo, la sensación de que todos los malos manejos saliente y la sensación que da alas a su vida".

Esta cita del Dr. Seuss lo dice todo: "Todos estamos un poco raro, y la vida es un poco raro. Y cuando encontramos a alguien cuya rareza es compatible con la nuestra, nos unimos con ellos y caer en mutua extravagancia y lo llaman amor".

## Tipos de Amor

Existen varios recursos que los nombres de los tipos de amor, pero para obtener los nombres de los cuatro tipos básicos, voy a ir a los libros de historia más antiguo que existe y que es la Biblia. Hay cuatro palabras griegas que describen los tipos de amor- *Storge, eros, philia* y *ágape*. Eros significa amor romántico. Storge es el amor familiar. Philia es el amor o la amistad de buena vecindad. Agape es el tipo de amor divino que se muestra a alguien en necesidad y el tipo significaba en el diciendo: "Amad a vuestros enemigos".

El amor romántico puede tener varios aspectos diferentes del amor como obsesión, compañero de amor, consumado o verdadero amor, amor o fantasía fatuos, e incluiría el amor homosexual. El tipo de familia de amor se refiere más al amor incondicional entre padres e hijos y puede ser uno de los más profundos amores como cualquier persona que haya tenido un niño puede testificar. El tipo de amor de amistad puede ser fuerte, especialmente después de conocer a alguien por un largo tiempo. El tipo de amor divino sería el tipo de amor del Buen Samaritano mostró a un extraño que estaba necesitando. Vemos este tipo de amor, sobre todo cuando una tragedia golpea como un desastre natural o un acto de terrorismo. Todos los tipos de amor puede ser lo suficientemente fuerte como para hacer que uno sea capaz de morir por la otra persona si es necesario.

## Es el amor o la lujuria?

Algunas personas reciben amor y lujuria mezclados. La mejor manera de saber si es lujuria en vez de amor es determinar si están concentrados en el aspecto de la otra persona y que estás más interesado en tener sexo que tener una conversación o si consideran que los dos de usted para ser mas amantes de amigos. Esto no es realmente el amor a todos y es probable que no se convierta en el amor como algunos podrían esperar. Muchas personas dicen que cuando el amor comienza como una amistad y se convierte en amor, es el mejor tipo de relación que puede hacer un buen matrimonio. Me inclino a estar de acuerdo.

## La necesidad de amor

Los seres humanos prosperan en el amor. Nuestra felicidad es reforzada por el amor. No sólo ser amado sino de dar amor. La necesidad de dar amor es tan fuerte como la necesidad de ser amado. Los bebés sólo necesitan ser amados y si no obtenemos seres durante los primeros seis meses de nuestras vidas, podemos llegar a ser psicológicamente dañado.

Según el Dr. Steinfeld en UC Davis Medical Center, cuando una nueva madre responde a las necesidades de su bebé, un fideicomiso y el accesorio se inicia y continúa, el niño aprende a amar y lo más probable es que tenga relaciones saludables con los demás y ser capaz de expresar sus emociones mejor. Usted no puede malcriar a un niño durante los primeros seis meses de vida. Los bebés que son mantenidos y consolados tienden a ser más segura y confiada a medida que crecen.

# Capítulo 2 - Funciones de Amor

El amor no es sólo una emoción. La mayoría de los tipos de amor exigir responsabilidades ni compromisos. Estoy seguro de que ha oído hablar de una persona con la falta de compromiso. Muchas veces esto sucede debido a la forma en que la persona fue levantada o pueden haber sido herido por estar enamorado de alguien que les deja por lo que es difícil confiar o hacer un compromiso nuevo.

Las personas solteras de hoy parecen estar más preocupados por encontrar la carrera de derecho en lugar de encontrar el socio adecuado para el amor. Lamentablemente, todavía no han aprendido que una carrera con una corporación no le dan amor. Sólo necesitan usted mientras usted son productivas y le permitirá ir en un segundo si mantiene usted está interrumpiendo su dólar inferior de alguna manera.

## Amar a sí mismo

Puede sonar extraño decir que amar a uno mismo es un deber pero es realmente si desea tener una buena relación de amor. Hay muchos solteros que no han aprendido a amar a sí mismos para amar a alguien más es difícil. Aprender a quererse generalmente ocurre durante su niñez y adolescencia pero si han crecido con baja autoestima debido a ser criticada por familiares o amigos, será difícil amar a sí mismo y puede realmente conducir a ser abusadas.

Ha habido cientos de miles de libros escritos sobre cómo construir su autoestima. La mayoría de libros de autoayuda te dirá que el cambio de la voz en tu cabeza negativo a uno positivo ayudará a construir su autoestima. Muchas veces aprender a cuidarse mejor, hacer una lista de sus cualidades positivas, y rodearte de gente positiva, también le ayudará. Si siente que necesita ayuda o la baja autoestima , la depresión ha llevado a buscar un terapeuta que usted se sienta cómodo con él de alguna ayuda.

## Amor y citas

El primer amor es siempre algo para recordar. Usted puede haber sido sólo en tu adolescencia cuando sintió que había encontrado el uno para usted , pero puede no haber durado. Es raro que una relación secundaria a la última, pero sí sucede y algunas parejas se casan el permanecer juntos para toda la vida.

Lo popular hoy es reunirse en línea y entablar una relación. Hay ventajas y desventajas en este. Algunas ventajas pueden ser que usted puede encontrar personas que coincidan con tus criterios de búsqueda mucho más rápido, puede hacer citas de larga distancia, y es una forma rápida de aprender acerca de una persona. Es decir, si esa persona no está tratando de engañar.

Las desventajas son que la Internet es realmente una ilusión o una proyección de qué tipo de persona que estás buscando, en lugar de lo que la otra persona realmente. No poder ver el lenguaje corporal o expresiones en la cara hace posible que alguien totalmente engañar con palabras que desea oír porque usted anticipa encontrar la persona perfecta para tí cuando no hay tal cosa como un hombre perfecto. Video chat no ayuda mucho, ya que aún puede ser engañado por las mentiras que si esa persona es un buen mentiroso. Puede que te preguntes por qué una persona quiere engañar. Siempre tienen un motivo que probablemente no desea conocer.

Muchas personas se preguntan por qué única no puede encontrar a un compañero. Podría ser debido a varias cosas diferentes pero que es muy común es que están estableciendo sus expectativas demasiado alta, por lo que cada persona que llega, no es suficiente. Eso no significa que debe establecerlo tan bajas que atraen la vida baja que maltraten a usted. Para aquellos de ustedes que hacen una lista de todas las cosas que buscas en una pareja, puede estar esperando mucho tiempo para encontrarlos. Tras unas cuantas cosas si bien como valores similares, capacidad de comunicación, el respeto, la confianza, el humor y la buena actitud pero tener una lista que va más allá de esto es sólo predispone al fracaso en encontrar alguien que te dará la oportunidad de ser el uno para usted.

Una vez que comienzan a fechar una persona, tenga cuidado si alguien quiere saber dónde se encuentra la mayor parte del tiempo o te acusa de ver a alguien como este es un signo de tratar de controlar. Si usted es una mujer que ha sido a través de una relación abusiva, no decirle a una persona que estás dating sobre ella. Algunos hombres están buscando a alguien que piensan será un pushover y aportará con un abusador de nuevo hasta llegar a saber que el hombre no es posesivo y es de confianza, mantener esa parte de su pasado secreto. Este asesoramiento proviene de mujeres que han experimentado este tipo de cosas sucediendo.

Otra sugerencia es que si usted está buscando seriamente un mate, dígale a su fecha que tienen citas tan usted puede encontrar un compañero adecuado. Esto va a asustar a aquellos que creen que pueden tener relaciones sexuales y estar en su camino, pero dibujará en los que buscan un compañero como usted.

## Amor y matrimonio

La mayoría de las parejas casadas le dirá que el mejor tipo de amor es el tipo que viene con el matrimonio; sin embargo, las personas que se hallen solo más tiempo hoy. Según el Pew Research Center en 2012, el 78 por ciento de 25 años de edad, los hombres nunca se había casado y el 67 por ciento de las mujeres de la misma edad no se había casado. En 2016, la mediana de edad para el primer matrimonio fue de 29,5 años para los hombres y 27,4 para las mujeres, con ambos, diciendo que la razón principal para postergarlo no se sentía preparado financieramente. Económicamente el matrimonio no es lo que solía ser, principalmente porque la mujer soltera tiene más dinero para ella permanece sola durante más tiempo.

Hay un montón de consejos en la Internet acerca de cómo hacer que el matrimonio funcione. Muchos dicen que lo ayuda a permanecer juntos un matrimonio es tener intereses compartidos, tener una buena vida sexual, y compartir las tareas domésticas. Estos pueden ser verdad; sin embargo, aprendí hace algunos años que el secreto para un matrimonio feliz es lo que se llama "Las 3 C's." Ellos son la comunicación, la consideración y el compromiso. Recordando a tenerlas en cuenta, no importa cuáles sean las circunstancias tienden a mantener las cosas funcionando sin problemas la mayor parte del tiempo. Esta cita de Dave Meurer es tan cierto: "un buen matrimonio no es cuando la 'Pareja Perfecta' viene juntos. Es cuando una pareja imperfecta aprende a disfrutar sus diferencias".

No estoy de acuerdo con quienes dicen que las parejas casadas deben luchar para tener un matrimonio saludable. Por supuesto, habrá desacuerdos o incluso argumentos, pero no creo que nunca debería ser levantado voces o llamar a cada uno de los otros nombres desagradables. Eso simplemente no es necesario y sólo perjudica a cada socio, hasta el punto de perder el respeto por los demás y si no tiene sentido, el amor se enfríe y el matrimonio puede acabar. El amor, el respeto y la confianza son los principales componentes que mantienen un matrimonio juntos. El sexo es un componente importante, pero el sexo sin los otros tres componentes podría carecer de sentido .

Hablando de sexo, es normalmente un gran parte del matrimonio y lo mantiene estable y feliz, especialmente en los años anteriores juntos. Eso no significa que no puede durar un matrimonio sin sexo. Si un miembro de la pareja se enferma o cuando pone en la vejez, es posible que no pueda tener relaciones sexuales como de costumbre, pero si una pareja tiene mucho a su favor en otras áreas, es posible permanecer felices juntos. Algunas parejas que no pueden tener relaciones sexuales más decir que caricias trae en el mismo tipo de intimidad y pueden incluso bromear sobre el sexo aunque no lo hagan.

### Las parejas extraordinaria

Paul Newman y Joanne Woodward había un raro matrimonio de Hollywood que duró 50 años. Eran buenos amigos antes del matrimonio y podían hablar de cualquier cosa sin temor al rechazo o al ridículo. Ellos tenían confianza y una cosa que Joanne verdaderamente atesorado. Ella dijo, "estar casada con un hombre que te hace reír todos los días, ah, ahora que es una auténtica delicia." Ellos eran bien conocidos para siempre de demostrar afecto. Un taxista dijo que él les había dado un paseo una vez y estaban en el asiento de atrás haciendo fuera y riendo. Paul Newman fue de alrededor de 80 años en el momento. Wow, ahora que es un maravilloso matrimonio!

Los más extraordinarios de la pareja fue una pareja que capturan nuestros corazones durante casi diez años. Fueron Dana y Christopher Reeve. Superman y Wonder Woman es lo que algunos llaman ellos ya habían actuado como Superman Christopher y Dana literalmente salvó su vida después de que él cayó de un caballo en 1995 y quedó paralizada desde el cuello hacia abajo. Él estaba dispuesto a morir, pero ella hizo un trato con él para intentar vivir durante dos años y así su amor fue probado una y otra vez aunque Dana cuidó de él como él trabajó para conseguir mejor por casi diez años. Su amor era muy aparente junto con el amor por su hijo. Dana siempre sería tocar Christopher aunque él no podía sentirlo.

Dana vio un nuevo propósito en su vida juntos a ser promotores y humanitarios para los discapacitados. La Christopher Reeve Paralysis Foundation nació dedicada a la búsqueda de tratamientos y curas para lesiones de la médula espinal y mejorar la vida de las personas con parálisis. Dana's Legacy también incluye la creación del Programa de Calidad de vida para ayudar a las personas que viven con parálisis y la de sus familias. Cristóbal murió en octubre de 2004 y luego Dana falleció de cáncer de pulmón en marzo de 2006. La fundación el nombre fue cambiado a Christopher y Dana Reeve Foundation para reflejar el coraje y la compasión de los Reeves. Un legado de amor!

## El amor y la crianza de los hijos

Este tema es tan enorme que podría llenar un libro tan sólo voy a referirme a algunos asuntos que considero importantes. Una de las conexiones más fuerte es el amor entre el padre y el hijo. Aunque la mayoría de las madres de crianza, los padres también tienen un gran impacto en la crianza de un niño.

Una de las mayores cosas que las parejas con hijos a argumentar acerca de cómo disciplinar a sus hijos. Algunos piensan que es necesario ser estricto y spank u otros pueden ser demasiado permisivo porque simplemente no saben qué hacer. Ambas situaciones pueden provocar que el niño tenga un momento más difícil para regular sus emociones y puede meterse en problemas con más frecuencia. Si usted puede encontrar un término medio en el que tendrás que guiar al niño con el refuerzo positivo, puede ser lo suficientemente afortunado como para elevar un adorable niño , pero recuerde que mucho de cómo un niño resulta es la genética que no tiene ningún control sobre el modo no golpean a usted si su hijo se desvía de cómo se les enseñó.

Una de las mayores cosas que deseo destacar es cómo me siento importante es decirle a cada niño cuán orgullosos están de ellos y cuánto le gusta a ella/él individualmente. Y tienes que demostrar que ellos pasando tiempo con ellos haciendo cosas juntos. No tiene que ser nada que cuesta un montón de dinero, pero tiene que ser algo que sea mental o físicamente y estimulante que te trae todo un montón de risas. Una última cosa, no mantenerlos alejados de sus abuelos.

Si tenemos hijos, sólo podemos esperar que nos aman tanto como nosotros les amamos. Que el amor intenso es difícil de describir, pero me gustaría compartir cómo los hijos de una amiga mía pudieron expresar su amor a su madre antes de morir.

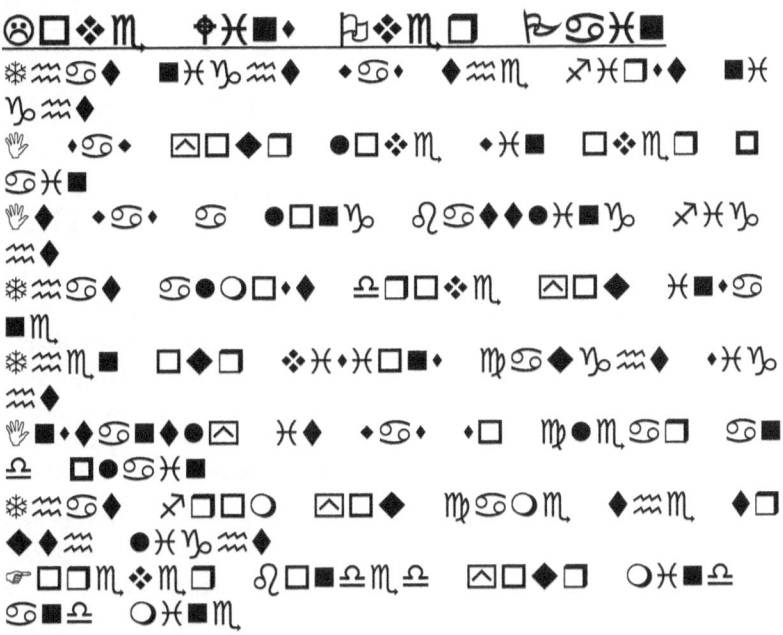

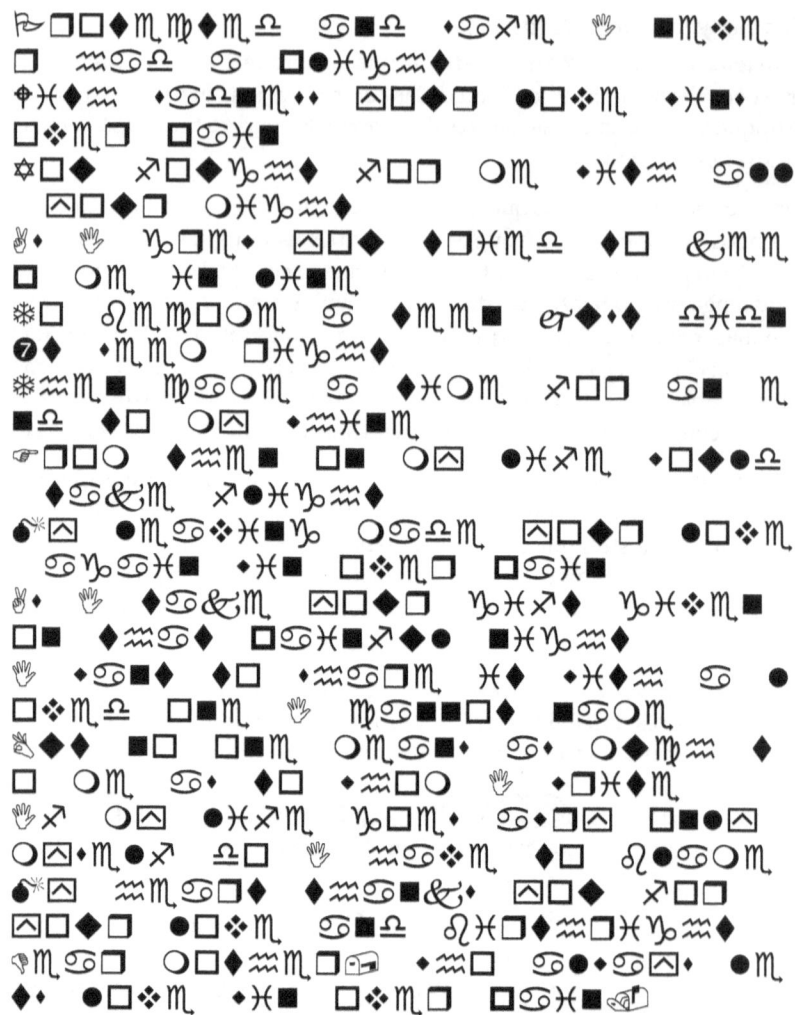

## Los padres ancianos amorosa

Debido a nuestra cultura y las demandas de empleo, muchos ancianos padres terminan en hogares donde son maltratados. Si tienen padres ancianos que necesitan tu ayuda, el amor que sienten por ellos por lo general directamente a usted para ayudarles a salir de alguna manera. Cuando usted toma el cuidado de sus padres, usualmente se encontrará que puede construir su autoconfianza y le da más fuerza y valor para tratar con sus propios problemas. Sin embargo, eso no significa que usted ama menos si no son capaces de cuidar de ellos.

Lo que yo odio oír hablar son hermanos que no pueden llegar a un acuerdo para compartir la carga de cuidar a los padres. De hecho, creo que además de ahorrar para la educación de sus hijos también debe guardar la posibilidad de que sus padres van a necesitar su ayuda. Si usted hace esto, entonces lo menos que podemos hacer es ayudarles financieramente o pagar a alguien para ser un cuidador si no eres capaz de, simplemente para mantenerlos fuera de un hogar de ancianos. Esto les mostrará cuánto amas y será también un ejemplo para sus hijos cuando ellos serán los que tome esas decisiones acerca de sus padres algún día.

## Amor para mascotas

Hay un fenómeno conocido como "lindo agresión" que se refiere a cómo nos encanta hug, pellizcar o expresar su amor por los demás y especialmente lindos bebés, gatitos y perritos. La mayoría de nosotros nos gustan los animales, pero algunos tienen una necesidad de amor, sobre todo los perros o gatos, que normalmente proviene de si nos enseñaron como a los niños les encantan. Si tuviera una mascota como un hijo, lo más probable es que usted tiene mascotas como un adulto. Si alguien perjudica a las mascotas como un niño lo más al igual que perjudican al pueblo cuando crezcan, que usualmente es causada por una enfermedad mental o de abuso o descuido parental.

Las mascotas tienen una manera de llenar un vacío de amor de una pareja humana. Nos kid sobre el Cat Lady que había 10 gatos pero hay algo especial que los animales nos dan que los seres humanos no hacen mucho. Ese es el amor incondicional. Existen diversas opiniones en cuanto a si una mascota realmente puede tener el amor, porque algunos creen que no es amor , sino simplemente por ser obedientes a un maestro que tienen mascotas. Se ha demostrado que los cerebros de los gatos son del 90 por ciento similar a la nuestra, lo que sugiere que podría ser capaz de tener el amor romántico, el amor a sus gatitos, y puede formar un fuerte apego a sus cuidadores. Desde un archivo adjunto es una forma de amor, animales como perros y gatos deben ser capaces de amar.

# Capítulo 3 - Cuando el amor está roto

Lo más probable es que usted tendrá su corazón roto por alguien al menos una vez en su vida. Cuando esto sucede, usted generalmente juro que nunca el amor de nuevo, pero finalmente la mayoría de la gente toma la caída en el amor de nuevo. Esto es porque somos conscientes de que necesitamos amor y estamos dispuestos a tomar la oportunidad una y otra vez con el fin de encontrar que alguien especial que no va a romper el corazón.

## El amor y el abuso

Lamentablemente, podemos caer para alguien que nos lastima no sólo emocional, sino de forma física, verbal o sexualmente. Puede ocurrirle a cualquier persona de cualquier edad, sexo, raza o antecedentes económicos. Pero bajo ninguna circunstancia es aceptable para abusar de otra persona. Una persona que abusa puede haber sido abusado de niño, vio otros en la familia maltrata, o que de alguna manera se enteró de que el abuso fue OK y eventualmente perjudicará a los que afirman que el amor.

Las relaciones abusivas se basan generalmente en el poder y el control. La pareja abusiva usualmente obtiene el control lentamente del todo en la relación para darles una sensación de poder. La víctima, que es generalmente la mujer intenta entender o cambiar su hombre, sino que se convierte en una forma de lavado el cerebro tan malo como un prisionero de guerra puede ser. Él puede controlar su por no permitirle tener dinero o lo que es peor, la amenaza de un daño a los niños, a su familia, o a si misma, así que ella hace lo que dice y tiene un tiempo difícil salir de la situación.

Este tipo de situación no es amor, aunque ambos pueden reclamar para amarnos los unos a los otros. La mayoría de las víctimas de malos tratos no me puedo creer que dejar que alguien les mando como que, una vez que están libres de la situación. No obstante, necesitan saber que ellos no eran culpables y que sólo debían centrarse en volver a ser ellos mismos y obtener ayuda profesional si ellos o los niños sufren de estrés post-traumático.

## El amor y el divorcio

Aparentemente, los votos matrimoniales no significan mucho para las personas que utilizaron a partir de las tasas de divorcio son aún elevados y los motivos de divorcio son numerosas. Según DivorceHelp360.com, las cinco principales causas de divorcio son: 1) la falta de compromiso, 2) Demasiada argumentando, 3) la falta de comunicación y de egoísmo, 4) la infidelidad, 5) casado demasiado joven.

Otros estudios han encontrado una lista diferente, pero lo principal es que el amor no era lo suficientemente fuerte como para soportar unos pocos problemas y si hay parejas que van a contraer matrimonio sin el compromiso de ser para siempre, ellos pueden decidir que simplemente no está funcionando y conseguir fácilmente un divorcio.

He encontrado las estadísticas del Instituto Witherspoon bastante interesante cuando llegó a los principales factores que determinan el riesgo de divorcio de una pareja. Algunos riesgos son como sigue:

- Las parejas que viven juntas tienen un 50 a 80 por ciento mayor probabilidad de divorcio que aquellos que no
- Hay un 14 por ciento menos riesgo si sus padres nunca se divorciaron
- Tener una sólida fe común dar un riesgo menor de 7 a 14 por ciento, pero si su fe es solo nominal existe un mayor riesgo
- El riesgo es de 24 a 66 por ciento menos si el primer hijo nacido después del matrimonio
- Hay un alto riesgo al casarse con una no virgen
- Creer que el matrimonio es de por vida, protege contra el divorcio.

Puede preguntarse si tal vez los valores bíblicos son importantes cuando se trata de amor.

# Capítulo 4 - Beneficios de ser una persona amorosa

*Amor es bueno para la salud*

Se han realizado estudios sobre cómo los abrazos son buenos para su salud mental y física. Abrazarse puede bajar su presión arterial, mejorar su sistema inmunológico y liberación emocional positivo de los químicos del cerebro mediante la estimulación de la serotonina y la dopamina. Caricias y contacto de piel a piel libera oxitocina, que es la hormona del amor. Abrazos y caricias no debería ser la única cosa que lleva una pareja de sexo o de lo contrario, si uno no quiere sexo y luego los abrazos y caricias puede conseguir poner aparte como siempre lleva al sexo lo son evitados y eso no es bueno en una relación.

*Normas de amor*

Incluso si usted no estaba casada y disfrute de una vida, hay muchas ventajas de ser una persona amorosa. Usted puede haber oído esta cita: "El amor es paciente y amable. El amor no es celoso. No alardear, no se infla, no se comportan de forma indecente, no busca su propio interés, no se provocaron. No tenga en cuenta el perjuicio. No alegrarse de la injusticia, pero se alegra con la verdad. Lleva todo lo cree, todo lo espera, todo lo soporta . El amor nunca falla." (1 Corintios 13:4-8un *NWT*)

Esta cita bíblica es cómo el amor se supone que es según Dios; sin embargo, hoy la mayoría de la gente no practicar el amor en todas estas formas. Podemos ver cómo el amor falla todo el tiempo por la tasa de divorcio pero si más personas intentaron atenerse a estas normas, quizás esa tasa iría abajo. Algunas personas tienen algún tipo de consejería matrimonial antes del día de la boda pero no toman suficientemente graves para hacer un tema para hablar en la hora de la cena o en cualquier otro momento para ese asunto. Si las parejas y las familias se tomaron el tiempo para discutir lo que hace que el amor no fallar y trabajar en sus relaciones, creo que habría menos divorcios.

*Todo el mundo puede tener amor*

Usted puede pensar que todos los anteriores sobre el amor es bueno, pero usted puede estar teniendo problemas para encontrar una persona decente al amor. Si usted está teniendo problemas para atraer el tipo incorrecto de persona, usted debe averiguar qué tipo de mensaje que se está enviando a cuantos encontréis o fecha.  Hay algunas cosas que le ayudarán a hacer esto, tales como:

- Stick con sus valores y normas, de manera que los demás te respetarán pero también necesita mostrar respeto a ellos.
- Mostrar que usted tiene una vida con actividades y pasatiempos para no venir a través como necesitados
- Si usted se queja mucho, acto posesivo,  Moody, o actuar como un drama queen, usted no atraer el tipo correcto de persona
- Si usted está teniendo problemas de confianza, debe aprender a confiar en usted primero
- Respete su cuerpo y cuidar de él o lo que atraerá a alguien que no se respetan a sí mismos (ambos en el amor romántico y en la amistad)

Para mantener sus posibilidades de atraer una mala opción, preste atención a cómo hablan y a sus padres. Si eres una mujer y un hombre que la fecha no respeta a su madre, él puede tener un difícil momento respetando usted y si usted es un hombre que datan de una mujer que no respeta a su padre, podría significar que no respeto que más adelante en la relación. Además, si una persona no como mascotas, no pueden ser una buena opción. Los estudios han demostrado que sólo el 15 por ciento de la gente no les gustan los perros o gatos. Una persona que le gusta las mascotas será más cariñoso.

## Amor en reconfortante Otros

Otro beneficio de mostrar amor a los demás por el reconfortante cuando sea necesario puede darle una sensación de alegría. Mostrando el amor a alguien con un corazón roto, ya sea porque perdieron a un ser querido o están pasando por una ruptura es una cosa muy humana y puede tener un buen efecto en el estado de ánimo de la persona y su bienestar. Esto puede hacerse por unas pocas palabras amables, un abrazo, un regalo o una tarjeta o una carta. A veces sólo se escucha a la persona del peligro o está en silencio por su lado. Este acto de empatía ayuda a la persona necesita sentirse comprendido y no tan solo y nos da las ventajas mencionadas anteriormente.

## Frutos de Amor

Cuando el amor, la puerta del Cielo está listo para abrir a quienes vienen a buscar descanso después de un largo viaje, pasó sobre la tierra abordar todo tipo de adversidad y pasando por todo tipo de experiencias que hicieron crecer su fe de una manera que les prepara para la vida eterna. No sólo hay un lugar preparado para ellos para disfrutar la vida plenamente con su Creador, pero su vida terrenal sería distinto y maravillosamente formado de todos los demás por el Dios Todopoderoso.

Las cosas que usted puede beneficiarse con su propia familia debido a su amorosa actitud podría ser enorme. Si desea o no, el amor mantiene unidas a las familias y crea una atmósfera de paz en la casa. Conozco a alguien que hereda toda la herencia de su abuelo debido a que simplemente ama a su padre. En ese momento, su abuelo había una gran necesidad de asistencia y fue ella quien abandonó y sacrificado de sus propios intereses, y ofrecieron su ayuda. Como resultado, su abuelo se omitió una generación y dejó enormes activos para ella en su voluntad.

Los lugares de trabajo no se defienden explícitamente el amor, sino el tipo de equipo que promueven equivale al amor. Los empleados que trabajaron en un fieltro amar y cuidar la cultura reportaron mayores niveles de satisfacción. Se presentaron a trabajar más a menudo. Los empleados que se sienten amor funcionan mejor y permanecer en el puesto de trabajo durante más tiempo. Se comprometen a la organización, ir más allá de la tarea de deber, y terminan recibiendo plantea, promociones y mucho más.

En la escuela, cuando los maestros amor a los alumnos y el alumno respeta y ama a los profesores, el proceso de aprendizaje va más suave, más rápida y más exitoso. Los estudiantes ver como secundario enseña a los padres y los maestros suelen volver a casa con la imagen de los alumnos en sus mentes sobre una base diaria. Incluso alumno lento estudiantes pueden sentir un gran cambio en su proceso de aprendizaje. Alguna vez se dijo por un  estudiante de grado 12, "mi maestro me ama tanto." Y ella dijo, "Por favor pare siempre por decir hola cuando usted consigue una oportunidad y déjame saber cómo lo están haciendo." Y continuó diciendo, "no puedo esperar para graduarse college y sorprender a mi maestro con una visita repentina. Porque ella está tan orgullosa de mí".

Nos encontramos con personas que aman a su iglesia mucho , compran casas próximas a su ubicación de la iglesia. Ellos envían a sus hijos a la escuela en referencia a su comunidad eclesial. Invierten mucho en la iglesia como su propio negocio. Su principal asesor es su pastor o algún miembro de su iglesia y, muy a menudo, la iglesia se convierte en su segunda casa. Como van a través de la vida, están siendo bendecidos con toda clase de bendiciones, no sólo de Dios, sino también de los miembros de la iglesia y la comunidad de la iglesia.

El amor es tan poderoso e inmenso que una persona que nunca se siente el amor se considera muerta. Los incentivos que se obtiene por una persona amorosa es mucho mayor y gratificante que nada de lo que nuestras mentes pueden imaginar y alguien puede explicar. Igual que las plantas que necesitan agua para crecer y florecer, todos necesitamos amor para sobrevivir. Se necesita coraje para amar, pero su fruto es dulce.

# Capítulo 5 - la conquista del mundo con amor

¿Qué significa conquistar el mundo con amor? La palabra "conquistar" te hace pensar de guerra conquistar pero la palabra conquistar significa derrocar por lo que si el mundo es derrocado con amor, no habría espacio para el odio.

## ¿Por qué hay tanto odio?

Se supone que las Naciones Unidas van a tener soluciones a los problemas del mundo pero, por desgracia, demasiados países no aparta sus armas como prueba no quieren mostrar su amor al prójimo y detener el odio. Sobre un muro exterior de las Naciones Unidas es una cita de la Biblia en Isaías 2:4 que dice, "Convertirán sus espadas en arados y sus lanzas en podaderas. Nación no levantar la espada contra la nación, ni la guerra nunca más." han tenido 60 años para hacer de esta profecía viene verdad y conquistar el mundo con amor. ¿Crees que alguna vez?

Damos por sentado que siempre habrá odio en el mundo. Sin embargo, dado que el terrorismo entró en escena, no sabíamos que podría ser tan malo. A la pregunta de por qué hay tanto odio ha estado en la mente de muchos. La mayoría de los líderes del mundo culpe a los demás diciendo es porque otros países no se llevan bien.

Sin embargo, la Biblia tiene una profecía sobre nuestro tiempo que describe cómo la gente estaría en los últimos días. Dice, "Pero sepan esto, que en los últimos días tiempos críticos, difíciles de manejar estará aquí. Para hombres amantes de sí mismos, amantes del dinero, fanfarrón, altanera, blasfemos, desobedientes a los padres, unthankful, desleales, sin afecto natural, no abierto a cualquier acuerdo, calumniadores, sin auto-control, feroz, sin amor, de bondad, de traidores, cabezudo, engreído con orgullo, los amantes de los placeres en lugar de enamorados de Dios, tener una apariencia de piedad, pero resultando falsos a su poder; y desde estos girar lejos." (2 Tim 3:1-5) Muchas de estas cualidades ciertamente podría provocar el odio que vemos hoy. La buena noticia es que se dice que estamos viviendo en los últimos días de estos tipos de comportamientos. Esto significaría que Dios tiene la intención de hacer algo sobre el odio y la maldad. Si estamos abiertos a aprender más acerca de él, nos aseguraremos de que nos enseña para que podamos ser salvos.

Un sitio religioso contestó por qué hay tanto odio diciendo que el odio nace de la influencia satánica que está controlando los líderes mundiales, que se filtra hacia abajo a su pueblo. Ya sabemos que Dios es todo amor, esto podría ser muy posible y si es así, nos corresponderá a nosotros para luchar contra esa mala influencia haciendo justo lo contrario por amarse .

## Y piadoso Amor de vecindad

"Quien no ama no ha llegado a conocer a Dios, porque Dios es amor" (1 Juan 4:8. Y si Dios es amor, es evidente que debemos amar a Dios, a fin de beneficiarse del amor que emana de él. Después de todo, su hijo Jesús dijo que el primer mandamiento es amar a Dios y el segundo mandamiento es amar a nuestro prójimo (Mateo 22:37-40). Que esto no se va a predicar por usted, sino sólo para hacer que usted piensa.

Si todo el mundo siguió a esos dos mandamientos, no habia necesidad de ser cualesquiera otras leyes porque si amamos al prójimo, no vamos a matar en la guerra o en cualquier otro momento y no vamos a odiar a nadie. Pero, ¿cómo conseguir el mundo de millones para hacer esto? El último acto de amor es propagar la palabra que el mundo sólo puede ser salvado por todo el mundo aprender a amar a Dios y al prójimo.

Había una vez un hombre famoso algunas palabras iluminadoras que deseo resumir el amor con:
"La oscuridad no puede expulsar a la oscuridad; sólo la luz puede hacerlo. El odio no puede expulsar al odio; sólo el amor puede hacerlo." --Martin Luther King, Jr.

Por favor revise mis otros libros en Amazon.com. Paul J Toyle simplemente escriba en el cuadro de búsqueda.

# Referencias:

http://www.dictionary.com/browse/love?s=t

https://www.thoughtco.com/types-of-love-in-the-bible-700177

http://totescute.com/four-types-of-love-greek-style/

https://www.psychologytoday.com/blog/fulfillment-any-age/201308/which-the-7-types-love-relationships-fits-yours

http://www.ucdmc.ucdavis.edu/medicalcenter/healthtips/20100114_infant-bonding.html

https://www.psychologytoday.com/blog/emotional-freedom/201108/lust-vs-love-do-you-know-the-difference

https://www.psychologytoday.com/blog/the-mysteries-love/201402/can-animals-love

http://www.pewresearch.org/fact-tank/2017/02/13/5-facts-about-love-and-marriage/

http://www.alternet.org/sex-amp-relationships/6-extremely-weird-facts-about-marriage

http://divorcehelp360.com/top-five-reasons-couples-divorce/

https://www.psychologytoday.com/blog/myths-desire/201708/the-sexual-science-cuddling?collection=1106047

http://pets.webmd.com/ss/slideshow-truth-about-cat-people-and-dog-people

https://www.jw.org/en/publications/magazines/g200606/peace-on-earth-at-last/

http://www.yourtango.com/2013183005/50-quotes-about-love-authors-artists-musicians-more

Notas:

Notas:

Notas:

Notas:

Notas:

Notas:

www.ingramcontent.com/pod-product-compliance
Lightning Source LLC
Chambersburg PA
CBHW030553290526
45786CB00004B/2005